Ym 1917 anfonwyd miliynau o wŷr a bechgyn Prydain i faes y gad ond wrth i U-boats yr Almaen ymosod ar longau masnach roedd eu teuluoedd adref yn dioddef caledi, colledion mawr a phrinder bwyd hefyd. Er mwyn ysbrydoli'r cyhoedd oedd wedi cael digon ar ryfela ac ailgynnau fflam yr ymdrech dyma'r Biwrô Propaganda yn comisiynu'r gyfres hon o chwe deg chwech print.

Er bod y testunau a'r themâu dan reolaeth gaeth y Biwrô (y Weinyddiaeth Wybodaeth fyddai ei henw yn y pen draw), mae'r delweddau yn dangos effaith y rhyfel ar gymdeithas, yn enwedig menywod.

Cyfrannodd deunaw artist at y gyfres, a rhannwyd eu gwaith yn ddwy bortffolio, *Ymdrechion* a *Delfrydau*. Rhannwyd *Ymdrechion* ymhellach yn naw adran yn canolbwyntio ar wahanol elfennau rhyfel: *Creu Milwyr, Creu Morwyr, Gwneud Gynnau, Adeiladu Llongau, Adeiladu Awyrennau, Hwylio'r Môr, Gwaith Menywod, Trin y Tir* a *Trin y Clwyfedig*. Comisiynwyd pob artist i greu chwe phrint ar gyfer pob adran. Yr artistiaid a ddewiswyd oedd Muirhead Bone, Frank Brangwyn, George Clausen, Archibald Standish Hartrick, Eric Kennington, Christopher Richard Wynne Nevinson, Charles Pears, William Rothenstein a Claude Shepperson. Mae'r printiau i gyd tua 60cm x 40cm.

Yn y portffolio *Delfrydau* defnyddiodd deuddeg artist symbolaeth a drama i gyfleu amcanion a gobeithion y rhyfela mewn testunau fel *Rhyddid y Moroedd, Y Wawr a Buddugoliaeth Democratiaeth*. Yr artistiaid a ddewiswyd oedd Frank Brangwyn, George Clausen, Edmund Dulac, Maurice Greiffen-hagen, Francis Ernest Jackson, Augustus John, Gerald Moira, William Nicholson, Charles Ricketts, William Rothenstein, Charles Shannon ac Edmund Joseph Sullivan. Mae'r printiau i gyd tua 80cm x 50cm.

Printiau lithograff yw'r rhain ac i rai o'r artistiaid, megis Clausen a Grieffenhagen, dyma'r tro cyntaf iddynt ddefnyddio'r dechneg. Roedd eraill, fel Brangwyn a Jackson, yn hen feistri ar y grefft. Yn wir, Jackson oedd yn gyfrifol am lithograffi propaganda dros y Biwrô ac ef gydlynodd y gwaith o gynhyrchu *The Great War: Britain's Efforts and Ideals*, gan fod yn gyswllt â'r artistiaid a hwyluso'r gwaith argraffu.

Nid oedd gan y cyfranwyr ryddid artistig llwyr. Rhoddwyd testun i bob un a rhaid oedd i bob delwedd fodloni'r sensoriaid. Fe'u talwyd yn hael fodd bynnag, gyda phob un yn derbyn £210 (tua £10,000) gyda phosibilrwydd o freindaliadau pellach o'r gwerthiant. Cyfyngwyd y gyfres i 200 print. Gwerthwyd printiau *Ymdrechion* am £2 2s 0d (£100) yr un a phrintiau *Delfrydau* am £3 3s 0d (£154).

Roedd rhai o'r artistiaid wedi cael profiad o'r rhyfel cyn cynhyrchu eu printiau: gwirfo-ddolodd Nevinson fel gyrrwr ambiwlans, roedd Pears yn swyddog â chomisiwn gyda'r Môr-filwyr Brenhinol a gwasanaethodd Kennington ar Ffrynt y Gorllewin.

Ymchwiliodd yr artistiaid yn drylwyr i'r *Ymdrechion*, gan ymweld â dociau Clyde (Bone), y ffatrïoedd arfau (Hartrick) a'r Ffatri Ynnau Frenhinol (Clausen).

Cyhoeddwyd y printiau yn eang wedi eu harddangos am y tro cyntaf ym 1917. Ymateb llugoer gafwyd i'r project mewn rhai mannau fodd bynnag, gyda nifer yn beirniadu'r delweddau am eu portread rhamantaidd o ryfel.

Cafodd y printiau eu harddangos ledled Prydain, yn ogystal â Ffrainc, America, Canada ac Awstralia. Cyflwynwyd rhai setiau i orielau ac amgueddfeydd, a derbyniodd Amgueddfa Cymru ei set hithau ym 1919.

Cyhoeddwyd gyntaf yn 2014 gan Amgueddfa Cymru fel rhan o raglen Cymru'n Cofio 1914-1918.

ISBN 978 0 7200 0628 5

Ymchwil: Beth McIntyre
Dylunio: Arwel Hughes
Argraffwyd gan: Inka Group Ltd
Golygydd y gyfres: Mari Gordon

Cefnogir ein rhaglen Cymru'n Cofio 1914-1918 yn hael gan:

Clawr blaen: *Weldiwr Asetylen* gan C. R. W. Nevinson
Clawr cefn: *Safiad Unedig Rhag Ymosodiad Lloegr a Ffrainc – 1914)* gan F. Ernest Jackson

'The Great War:
Britains Efforts and Ideals'
Printiau'r Rhyfel Byd Cyntaf

Ymdrechion

Creu Milwyr

Eric Kennington

Ymarfer Bidogau

Y Mwgwd Nwy

Barod i Wasanaethu

I'r Ffosydd

Dros yr Ymyl

Arwain Carcharorion

Creu Morwyr

Frank Brangwyn

Uchelgais yr Ifanc

Ymarfer ar Long

Mynd Dramor

Duff

Y Gwn

Y Gwyliwr

Gwneud Gynnau

George Clausen

Lle Gwneir y Gynnau

Y Ffwrnais

Y Morthwyl Mawr

Turnio Gwn Mawr

Y Craen Rheiddol

Codi Tiwb Mewnol

Adeiladu Llongau

Muirhead Bone

Iard Longau

Ar y Blociau

Iard Llongau o Graen Mawr

Gweithdy

Basn Arfogi Llong

Barod i Forio

Adeiladu Awyrennau

C. R. W. Nevinson

Creu'r Injan

Weldiwr Asetylen

Cysodi Darnau

Gogwyddo ar uchder o 4,000 o droedfeddi

Yn yr Awyr

Plymio ar Awyren Taube

Trin y Tir

William Rothenstein

Llusgo Coed

Drilio

Llosgi Marchwellt

Plannu Tatws

Aredig

Dyrnu

Trin y Clwyfedig

Claude Shepperson

Blaen-orsaf Trin y Clwyfedig yn Ffrainc

Ysbyty Glirio yn Ffrainc

Ar Fwrdd Llong Ysbyty

Dadlwytho Cleifion yn Lloegr

Mewn Ysbyty yn Lloegr

Ymadfer yn Lloegr

Gwaith Menywod

A. S. Hartrick

Ar y Tir: Aredig

Gydag Arfau: Gwaith Medrus

Gydag Arfau: Gwaith peryglus (pacio T.N.T.)

Yn y Trefi: Tocynnwraig Bysiau

Ar y Lein: Glanhawyr Injans a Cherbydau

Ffatri Arfau: Gwaith Trwm (Drilio Castin)

Hwylio'r Môr

Charles Pears

Cynnal Cyflenwadau Bwyd

Cynnal y Fasnach Allforio

Cyflenwi'r Llynges

Cludo'r Milwyr

Cynnal y Lluoedd Dramor

Yr Harbwr Diogel

Delfrydau

Rhyddid y Moroedd

Frank Brangwyn

Y Wawr

Augustus John

Adfer Alsace-Lorraine i Ffrainc
Maurice Greiffenhagen

Ail-greu Gwlad Belg
George Clausen

Gwlad Pwyl, Cenedl
Edmund Dulac

Safiad Unedig Rhag Ymosodiad (Lloegr a Ffrainc – 1914)
F. Ernest Jackson

Adfer Serbia

Gerald Moira

Teyrnasiad Cyfiawnder
Edmund Joseph Sullivan

Italia Redenta
Charles Ricketts

WHILE DEMOCRACY IS UNCHAINED, TYRANNY IS BOUND & FROM THE TRENCHES IS BROUGHT THE HOPE OF FRUITFUL SERVICE FOR ALL

Buddugoliaeth Democratiaeth
William Rothenstein

Aileni'r Celfyddydau
Charles Shannon

Diwedd Rhyfel
William Nicholson